D1748180

Martin Kaiser 89

Martin Kaiser

Mein Vorurteil gegen diese Zeit

100 Holzschnitte von **Karl Rössing**

Mit einem Nachwort von Manès Sperber

Hoffmann und Campe Verlag Hamburg

Ein einzelner Mensch kann einer Zeit nicht helfen oder sie retten, er kann nur ausdrücken, daß sie untergeht (Kierkegaard)

Wenn der Autor dieses Bilderbuches für Erwachsene auch gleichzeitig die Einleitung dazu verfaßt, so geschieht es nicht, um den Eindruck der Bilder zu verstärken oder ihnen eine Erklärung zu geben. Was an Text hinzuzufügen war, ist bei der Betitelung der einzelnen Blätter geschehen. Diese Titel sind so gehalten, daß die Bilder verständlich sein müssen.

Was mich veranlaßt, diesem Buch ein paar Worte voranzustellen, ist der Wunsch, zu sagen, daß es sich für mich nicht darum handeln kann, den immer wiederkehrenden Spießer zu bespötteln. Das überlasse ich getrost den Spießer-Satirikern aller Parteien, die niemals einsehen werden, daß diese Figur nur noch eine Statistenrolle auf dem Welttheater spielt und daß sie, durch und durch harmlos geworden, nicht noch enthüllt zu werden braucht. Es geht heute um ganz andere Dinge, nämlich um die Enthüllung jenes wirklichen Spießers, der unter dem Deckmantel des Prominenten für Kultur und Geist eine Attrappenlanze bricht. Die Kultur-AG. unserer Tage wird nicht eher ruhen, bis sie den „Tag des Geistes" eingeführt hat, der mit dem Weckruf beginnt: „Ich kenne keine Menschen mehr, ich kenne nur noch Kunden", und mit dem Zapfenstreich endet: „U.a. bemerkte man sämtliche Prominenten."

Über diesem Rummelplatz des Ungeistes, der die Verantwortungslosigkeit und die geistige Verlotterung, die geistige Gesinnungslumperei und die Spekulation auf das kurze Gedächtnis des Zeitgenossen beherbergt, steht unauslöschlich und noch rot vom Blut des Weltkrieges das Wort „Geschäft" zu lesen. Jene unter den Kulturbetriebsmachern beängstigend verbreitete Lebensauffassung, daß das Verdienen die Hauptsache sei und daß man, um wohlleben zu können, selbst die Würde des menschlichen Geistes hingeben müsse, ist es, die im Vordergrund der Satire stehen muß – nicht Zoten über die Not der Freudenmädchen,

deren Gewerbe sauberer ist, als das des verantwortlichen Redakteurs dieser Zeit, der Presse. Jene Unentwegten aber, die mir mit dem gedankenlosen Argument kommen, die Welt würde durch derartige Kritikversuche nicht um Haaresbreite besser, sie wären also zwecklos und überflüssig, mögen einmal über den Kierkegaardschen Satz, den ich dieser Einleitung vorangestellt habe, nachdenken.

Karl Rössing

Die Partei

Auf dem Boden der Verfassung

Im Namen des Gesetzes

Der Stahlhelm zieht vorüber

Die alte Garde (Und wenn die Welt voll Teufel wär')

Ein Traum im deutschen Märchenwald

Mit Volldampf zurück

23

Gerichtssaalreporter

25

Sittlicher Entrüstungskampf der Presse gegen die Prostitution

Das Antlitz der Presse

Paradekopf

Prostitution der Prominenten

33

Boxer und Botschafter

Geistesgegenwart

Olympiasieger

39

Das Heiratsinserat

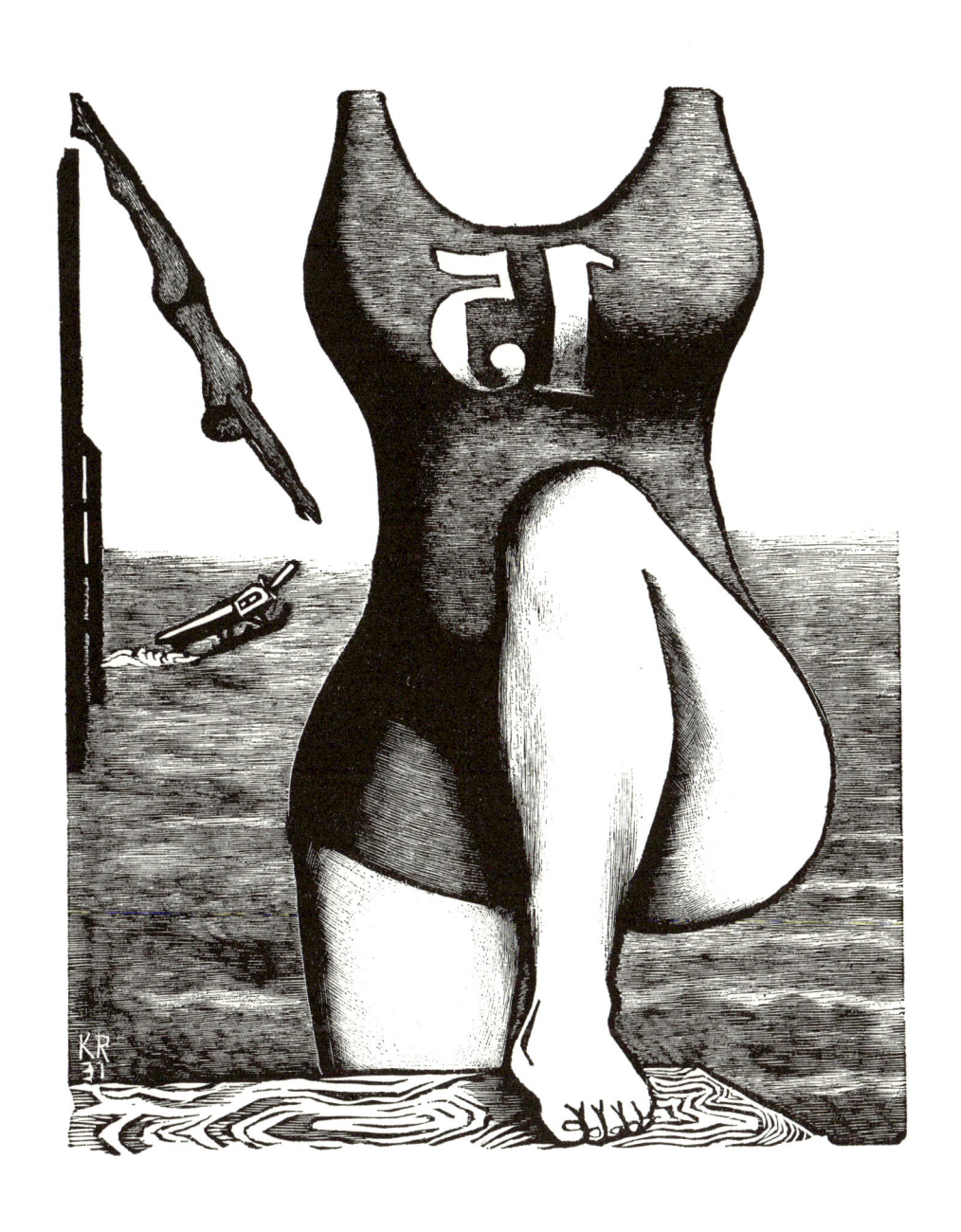

Schönheitskönigin

Premierentiger

45

Götzendienst

Das Filmgesicht

Revue und Theater

51

Aus Reinhardts Stofflager

Der Kritiker

U. a. bemerkte man —

Die Erleuchtung

Selbstbetrachtung

Der Erpresser

Der Stammgast

Junger Aesthet

„Einwandfreie" Prozeßführung

Richter

Raritätenkabinett

Die Behörde

Der Schmock in der Premiere

Der Schmock bei der Ausstellungseröffnung

Der Schmock tanzt mit der Frau Generaldirektor

Reserve hat Ruh'

Rennstallbesitzer

Grüße an die „Mondäne Welt" senden uns . . .

Brunftzeit des Spießers

Vivat Academia

Kuriose Gegend

Schupo

Alles für die Armen

Zitate in der Praxis

Der Mann, der nicht erwischt wurde

Kriminalbeamte

Der Künstler ist tot — es lebe der Nachlaß

105

Der Kunstpapst

Foujita, Liebling der Laien

Raffael und die Bauhausjünger

Der Ausstellungskritiker

Entlarvung dieser Zeit

Das Großmaul

Mitternachtsspuk im Reichstag oder der Kampf um den Ministersessel

Die Diplomaten

Rapport der Reporter

Der Pressephotograph bei der Hinrichtung

Kunst der Werbung („Herr, vergib ihnen, denn sie wissen nicht, was sie tun")

Das Interview im Gefängnis

Die Presse enthüllt

Die öffentliche Meinung

Man verbeugt sich vor der Presse

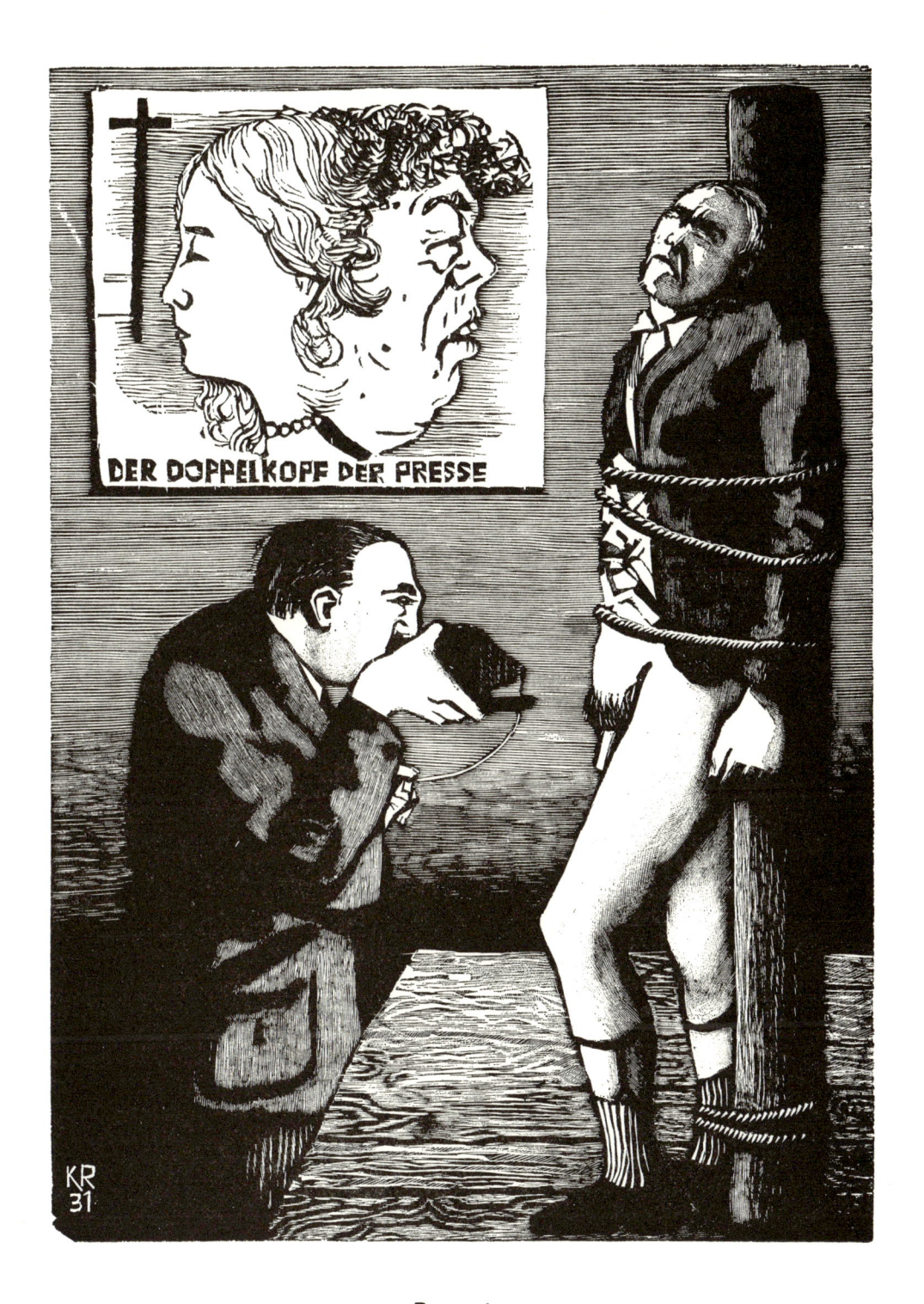

Reporter

Klerikales Hemmungsmieder

Erpressungsjournalist

141

Schieber

Im Herrensattel

Liebe und Trompetenblasen

Er sieht sich gern gedruckt

Das Lied von der Bembergseide oder Kitsch mit Weltruf

Das Gesicht des Sportes

153

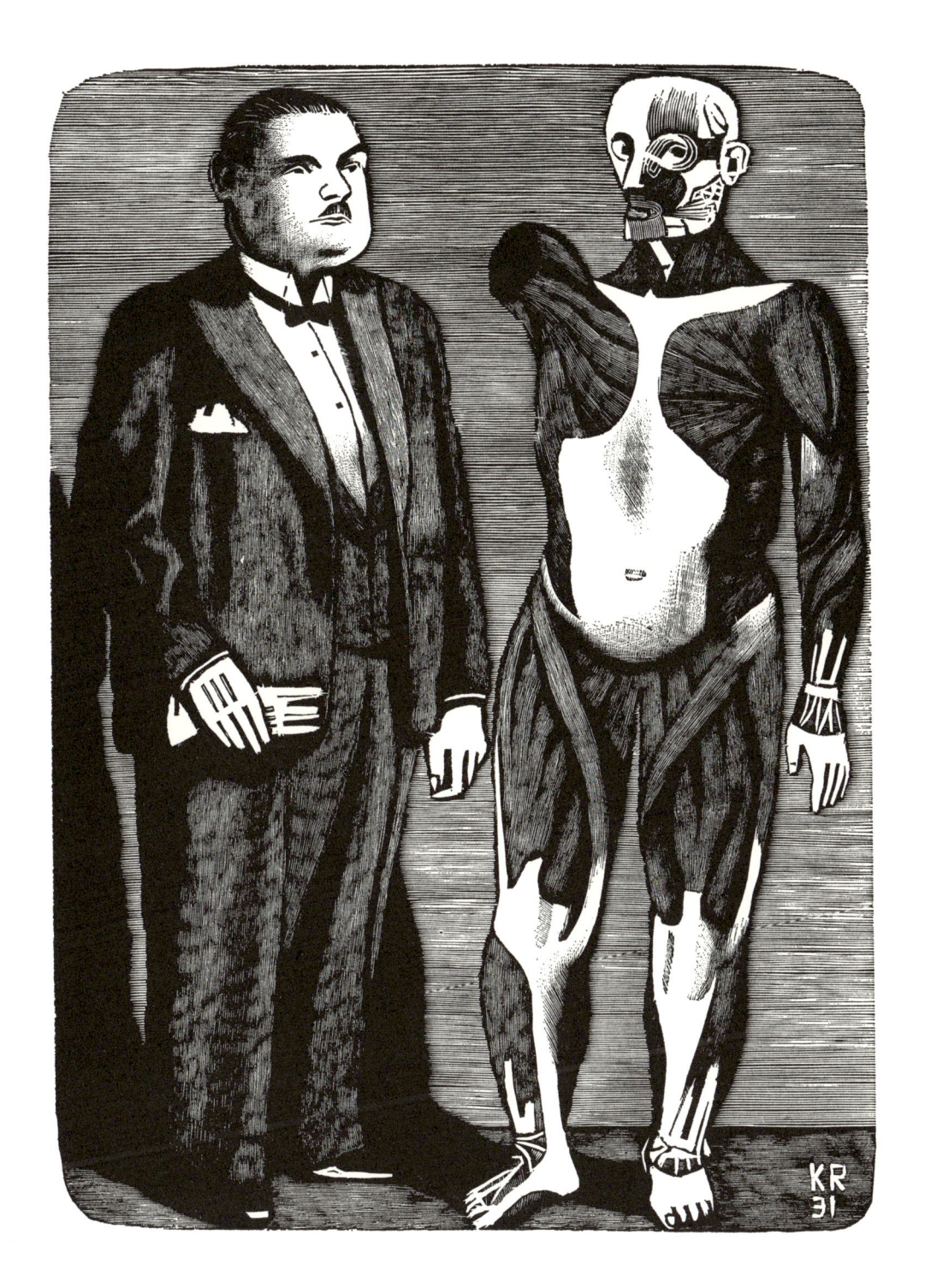

Konfektion und Anatomie

155

Die Meinungen gehen auseinander

Sonderberichterstatter

Abschied vom Kapital

Irdisches Wohlergehen

163

Die geistige Verlotterung

Zwischen Vergangenheit und Zukunft

„Ich habe es nicht gewollt"

Der gefesselte Schutzengel

171

Justitia, der kleine und die großen Diebe

Die schwarze Schmach

Dividenden-, Gehalts- und Lohnempfänger

Kaffeeausschank in der Bahnhofshalle

Nächtliche Eisenbahnfahrt

Schwurgerichtshyänen

Mißvergnügte Maske

185

Wohltat der Zivilisation

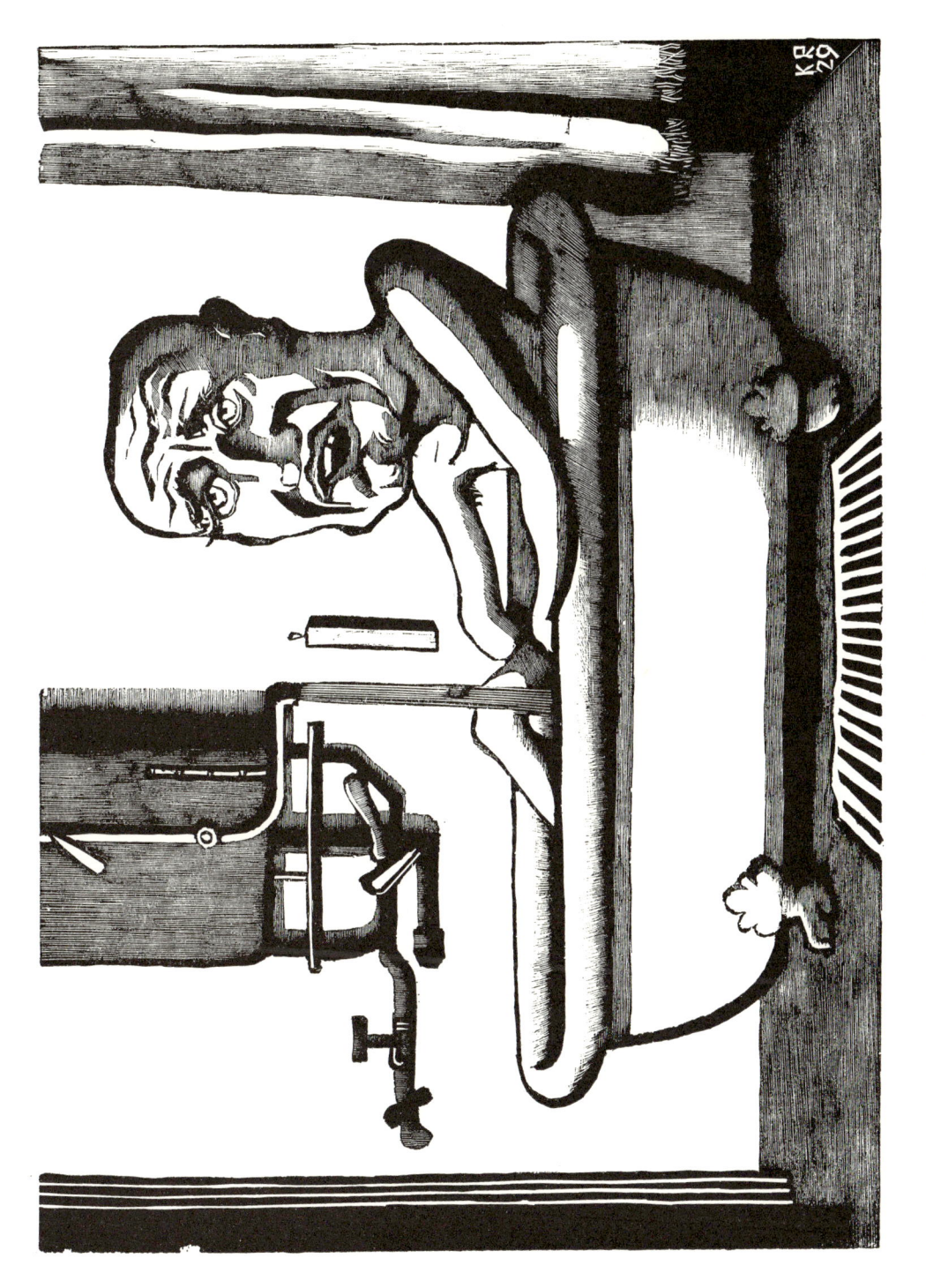

Der Tod im Dienste des Rundfunks

Auf den Trümmern des Olymp

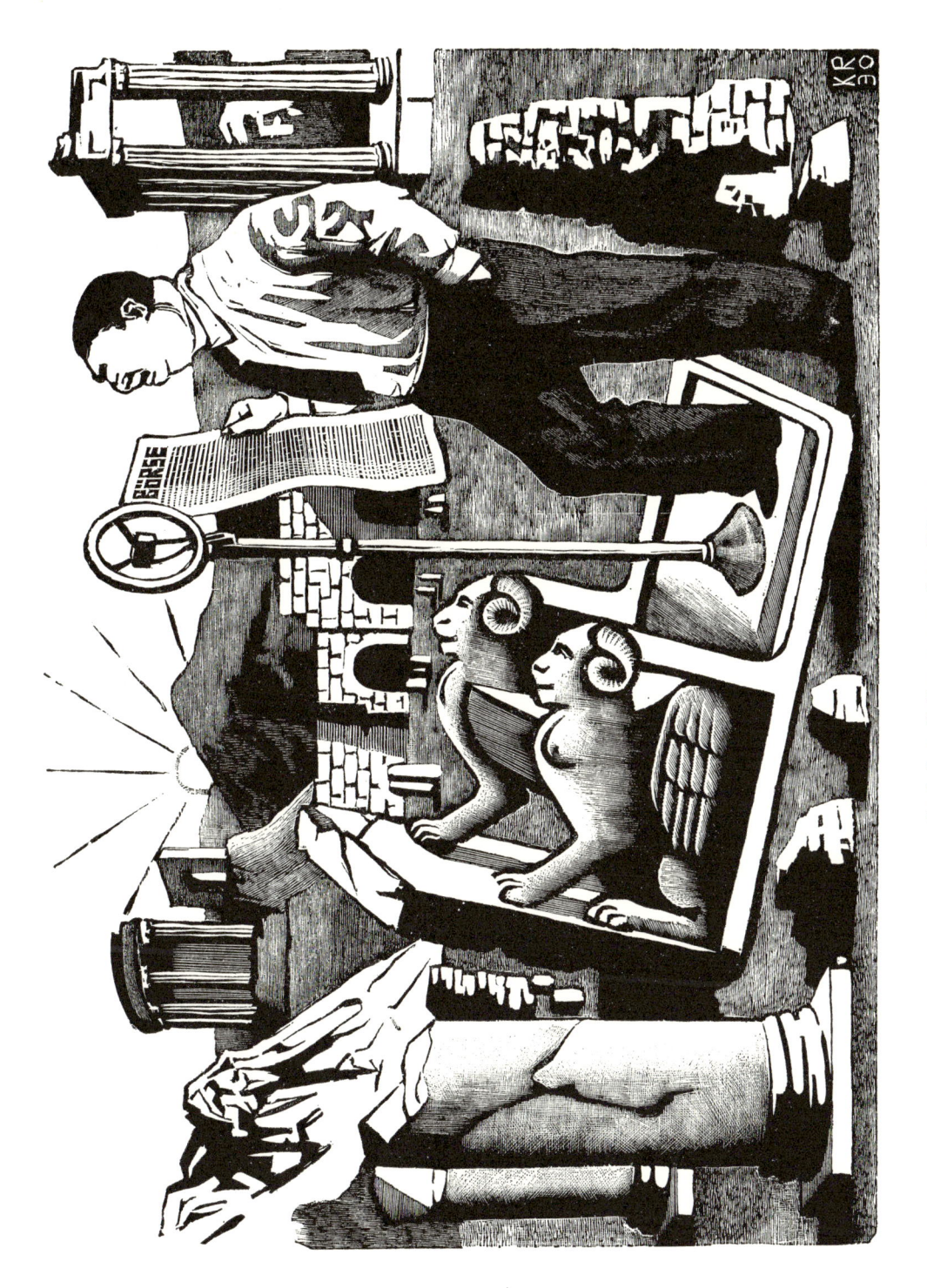

Dunkelmänner

Aufsichtsratssitzung der Seidenstrumpf-A.-G.

195

Ballgeflüster

Der Lehrer-Interviewer und die braven Prominenten

Gesetzlich erlaubter Überfall

Dichtung und Wahrheit

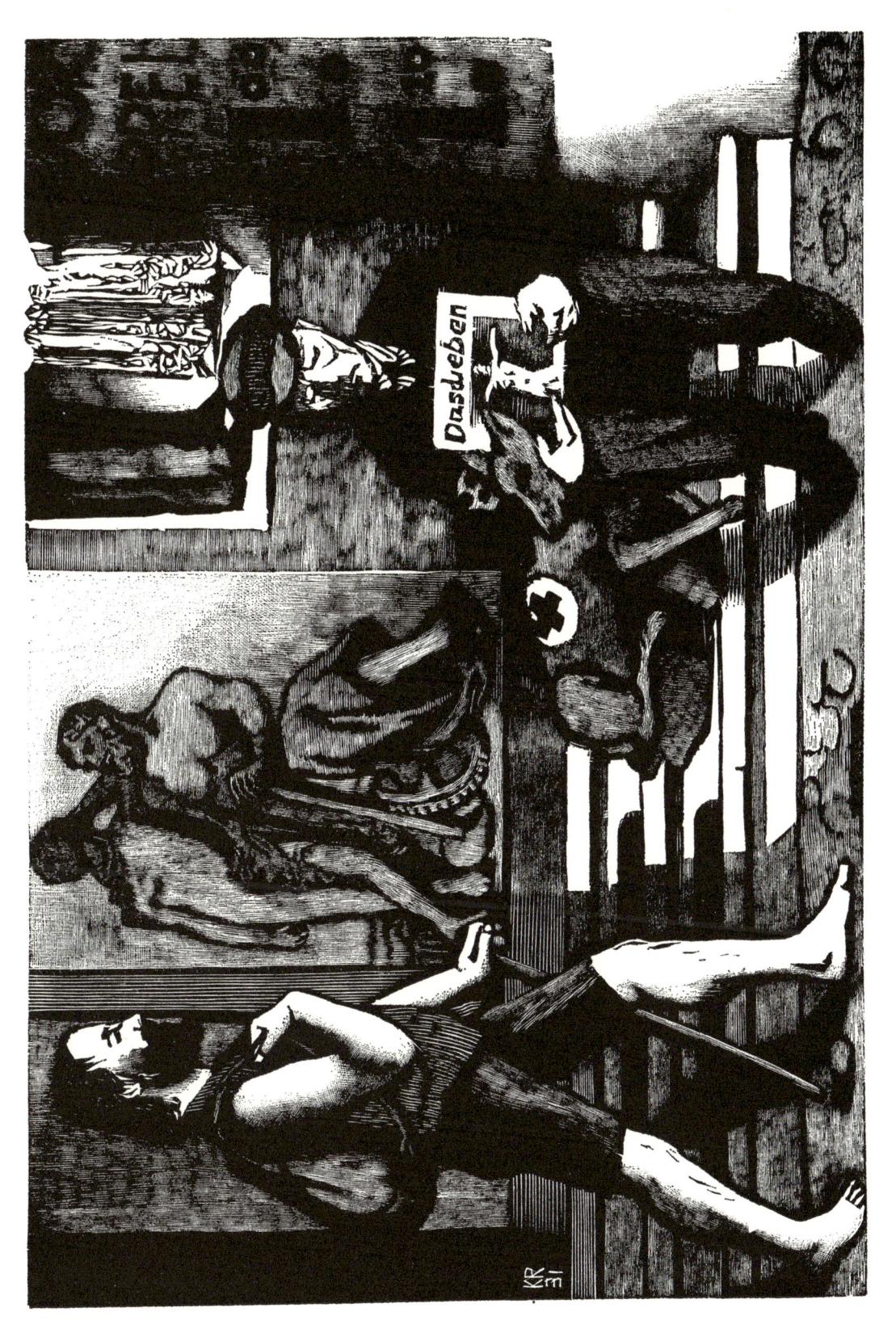

Festessen der Ersparungskommission

„Dort steht der Schuldige!"

Inhaltsverzeichnis

Die Partei	11
Auf dem Boden der Verfassung	13
Im Namen des Gesetzes	15
Der Stahlhelm zieht vorüber	17
Die alte Garde (Und wenn die Welt voll Teufel wär')	19
Ein Traum im deutschen Märchenwald	21
Mit Volldampf zurück	23
Gerichtssaalreporter	25
Sittlicher Entrüstungskampf der Presse gegen die Prostitution	27
Das Antlitz der Presse	29
Paradekopf	31
Prostitution der Prominenten	33
Boxer und Botschafter	35
Geistesgegenwart	37
Olympiasieger	39
Das Heiratsinserat	41
Schönheitskönigin	43
Premierentiger	45
Götzendienst	47
Das Filmgesicht	49
Revue und Theater	51

Aus Reinhardts Stofflager 53	Kuriose Gegend 93
Der Kritiker....................... 55	Schupo 95
U. a. bemerkte man — 57	Alles für die Armen 97
Die Erleuchtung.................... 59	Zitate in der Praxis 99
Selbstbetrachtung 61	Der Mann, der nicht erwischt wurde 101
Der Erpresser 63	Kriminalbeamte.................... 103
Der Stammgast..................... 65	Der Künstler ist tot — es lebe der Nachlaß....................... 105
Junger Aesthet 67	
„Einwandfreie" Prozeßführung 69	Der Kunstpapst 107
Richter............................ 71	Foujita, Liebling der Laien 109
Raritätenkabinett 73	Raffael und die Bauhausjünger...... 111
Die Behörde 75	Der Ausstellungskritiker 113
Der Schmock in der Premiere 77	Entlarvung dieser Zeit 115
Der Schmock bei der Ausstellungs= eröffnung....................... 79	Das Großmaul 117
	Mitternachtsspuk im Reichstag oder der Kampf um den Ministersessel 119
Der Schmock tanzt mit der Frau Generaldirektor 81	
	Die Diplomaten 121
Reserve hat Ruh' 83	Rapport der Reporter............... 123
Rennstallbesitzer................... 85	Der Pressephotograph bei der Hin= richtung....................... 125
Grüße an die „Mondäne Welt" senden uns........................ 87	
	Kunst der Werbung („Herr, vergib ihnen, denn sie wissen nicht, was sie tun") 127
Brunftzeit des Spießers............. 89	
Vivat Academia.................... 91	

Das Interview im Gefängnis 129	Der gefesselte Schutzengel 171
Die Presse enthüllt 131	Justitia, der kleine und die großen Diebe 173
Die öffentliche Meinung............ 133	
Man verbeugt sich vor der Presse ... 135	Die schwarze Schmach 175
Reporter 137	Dividenden-, Gehalts- und Lohnempfänger 177
Klerikales Hemmungsmieder 139	
Erpressungsjournalist 141	Kaffeeausschank in der Bahnhofshalle 179
Schieber 143	Nächtliche Eisenbahnfahrt 181
Im Herrensattel 145	Schwurgerichtshyänen 183
Liebe und Trompetenblasen 147	Mißvergnügte Maske 185
Er sieht sich gern gedruckt 149	Wohltat der Zivilisation 187
Das Lied von der Bembergseide oder Kitsch mit Weltruf 151	Der Tod im Dienste des Rundfunks... 189
	Auf den Trümmern des Olymp 191
Das Gesicht des Sportes 153	Dunkelmänner 193
Konfektion und Anatomie 155	Aufsichtsratssitzung der Seidenstrumpf A.-G........... 195
Die Meinungen gehen auseinander .. 157	
Sonderberichterstatter............... 159	Ballgeflüster 197
Abschied vom Kapital 161	Der Lehrer-Interviewer und die braven Prominenten...... 199
Irdisches Wohlergehen 163	
Die geistige Verlotterung 165	Gesetzlich erlaubter Überfall 201
Zwischen Vergangenheit und Zukunft........................ 167	Dichtung und Wahrheit 203
	Festessen der Ersparungskommission 205
„Ich habe es nicht gewollt" 169	„Dort steht der Schuldige!" 207

Nachwort

RÖSSING

Es gibt Zeitläufe, in denen es schwer ist, keine Satire zu schreiben - das hat Juvenal schon vor etwa 2000 Jahren festgestellt. Doch gibt es Zustände, die so übel sind, daß sie gleichsam der Satire und der entlarvenden Karikatur spotten. Die Wirklichkeit wetteifert da erfolgreich mit dem Bild, das man von ihr entwirft, und entwertet es, indem sie ihre eigenen Mängel, ihre ganze Abscheulichkeit übertreibend zur Schau stellt; sie wird selbst Karikatur und entzieht sich so der Satire.

Hogarth, Gavarni und Daumier haben die Lächerlichkeit von Klassen und Ständen enthüllt und die Komödie angemaßter Würde und maßloser Geltungsansprüche dem Gelächter der Zeitgenossen preisgegeben. Daumier karikierte die »besseren Stände«, gleichzeitig aber führte er auch jenen, die es nicht sehen wollten, das Elend der Armen und die Leiden der Opfer sozialen Unrechts vor Augen. Er war ein großer Humorist, der die menschliche Natur belächelte, und überdies ein Kämpfer gegen Lüge und Unrecht, gegen Ausbeutung und Erniedrigung. Fast alle großen Satiriker rebellierten gegen ihre

Zeit und somit gegen jene, welche den herrschenden Zeitgeist formten und ihre Moden und Modetorheiten, den jeweils »letzten Schrei« erfanden.

Der ironisch bescheidene, doch tatsächlich herausfordernde Titel »Mein Vorurteil gegen diese Zeit« zeigt an, daß Karl Rössing zu diesen Rebellen gehört. Die hundert Holzstiche, die in den Jahren zwischen 1927 und 1931 und 1932 von der Büchergilde Gutenberg vereinigt wurden, ebenso wie die Holzstiche, mit denen er vorher wertvolle literarische Werke illustriert hatte, waren für Rössing eine »Auseinandersetzung von Hell und Dunkel im geistigen und formalen Sinn«. Ihm kam es stets darauf an, daß der Betrachter spüre, worauf er zielte: »auf die Dinge dieser Welt, die hinter den Dingen dieser Welt liegen«. Diese programmatische Äußerung bezieht sich auf sein gesamtes Oeuvre, besonders aber auf die sehr bedeutsamen Werke (zumeist farbige Linolschnitte) die Karl Rössing in den letzten Jahren geschaffen hat. Doch betrifft sie auch diesen nach 42 Jahren unverändert wieder erscheinenden Band, in dem es um die Dinge dieser Welt und gegen sie ging; ging und noch immer geht.

Beim ersten Blick denkt man natürlich an George Grosz – wie denn auch nicht? Grosz hat das Gesicht der herrschenden Klasse Deutschlands, seine Kriegstreiber und Profiteure, seine Verderber und seine Philister so gezeichnet, daß es während der Jahre, die auf den ersten Weltkrieg folgten, geradezu unmöglich war, die von ihm mit wütender Empörung und Verachtung enthüllten Repräsentanten jener Gesellschaftsschichten anders als mit seinen Augen zu sehen. Seine Karikaturen machten der Wirklichkeit Konkurrenz, sie wurden zur Wirklichkeit selbst. Doch würde man Rössings »Vorurteil« mißverstehen,

wenn man ihn neben oder gegen George Grosz stellen wollte, obschon viele seiner Holzstiche gegen die gleichen Mißstände und deren Nutznießer gerichtet waren, die Grosz des dekorativen Scheins entledigt und in ihrem schuldigen, unentschuldbaren Sein dargestellt hatte.

Im Jahre 1927 – Rössing wurde damals Professor an der Folkwangschule in Essen und blieb es bis 1931 – lebte man nicht mehr in der Nachkriegszeit, sondern bereits im Schatten einer neuen Vorkriegszeit. 1932, als dieses Buch erschien, verlor Deutschland infolge der sich fortgesetzt verschärfenden, alles bedrohenden Wirtschaftskrise sein moralisches und politisches Gleichgewicht. Millionen Werktätiger waren arbeitslos, die Zahl der »Ausgesteuerten« wuchs täglich, degradierende Not schwächte den Widerstand gegen die Demagogie und nährte die Bereitschaft Verzweifelnder, aus den abenteuerlichsten Versprechen der Nazis Hoffnung auf eine nahe Rettung zu schöpfen. »Ein einzelner Mensch kann einer Zeit nicht helfen oder sie retten, er kann nur ausdrücken, daß sie untergeht.« Rössing, der sich auf dieses Wort Kierkegaards beruft, denkt dabei jedoch nicht in erster Reihe an die wirtschaftliche Zerrüttung oder an die beklemmend gefährliche politische Entwicklung, noch an den drohenden totalitären Verderb, sondern an den »Rummelplatz des Ungeistes, an die Verantwortungslosigkeit und geistige Verlotterung und an die Gesinnungslumperei...«. Der Künstler zieht gegen die Kulturbetriebsmacher der zwanziger Jahre in den Kampf gegen die Prominenten, die sich überall breit machten, und gegen das Geschäft, das alle geistigen Werte zu Handelsobjekten degradierte.

Meinesgleichen kann diese Holzschnitte nicht betrachten, ohne immerfort an jene Jahre erinnert zu werden: an die von niemandem geliebte, fast von allen verspottete und bekämpfte Weimarer Republik; an die so kurze Phase zwischen dem Ende des Krieges, bzw. dem der Inflation und dem Höhepunkt der Wirtschaftskrise – an jene Phase, während deren Berlin zu einem Weltzentrum einer geradezu frenetisch vitalen Kultur wurde, welche auf allen Gebieten des geistigen Schaffens so fruchtbar war, daß niemand sich vorstellen konnte, daß sie jemals enden könnte – es wäre denn, daß es der Gewalt gelänge, diesen schöpferischen Elan zu lähmen. Und die Gewalttäter kamen tatsächlich am 30. Januar 1933 zur Macht, um nach »14 Jahren marxistischer Schmach und Schande«, sagten sie, die deutsche Ehre wieder herzustellen und die deutsche Kultur und deutsche Kunst. Man weiß, wie sie das alles während der zwölf Jahre, die ihr Tausendjähriges Reich dauern sollte, bewerkstelligt haben.

Es versteht sich, daß Rössings »Vorurteil« gegen den Kulturbetrieb der zwanziger Jahre nichts mit dem Nazismus, seiner zoologischen Geschichtsauffassung und der Vernichtungswut mythomanisch aufgenordeten Philister gemein hat. Rössing verachtete, ja haßte die Presse, ihre Inseratenplantagen, ihre doppelbödige Moral, ihren Größenwahn, ihre Indiskretion und schließlich ihre Idolisierung der Prominenten. Mit dieser Feindschaft trat er jedoch in die Fußstapfen des von ihm zitierten Kierkegaard, vor allem aber seines Landsmannes Karl Kraus. Wie dieser neigte der Künstler damals dazu, die Rolle der Presse und den von ihr tatsächlich ausgeübten Einfluß in Wirtschaft, Politik und Kultur zu überschätzen. Wie der unvergeßliche Wiener Satiriker ging er darin viel zu weit, aber die meisten Zeitgenossen gingen nicht weit genug in diesem Kampf, den der geistige Anstand erforderte. Das »Antlitz der Presse« (Blatt 29), ein höchst eindrucksvoller Holzstich, ist weit mehr, ist anderes als eine belustigende Karikatur. Dieses Antlitz rührt aus einem mit weit aufgerissenen Augen geschauten Alptraum her. Damals, im Jahre 1927, mitten in einer Hochkonjunktur, in der politischen Stabilität und in einem kulturellen Aufstieg ohnegleichen war die Presse für Rössing der Hauptfeind – und zwar nicht nur die Revolverpresse, sondern noch mehr jene Zeitungen, die für den Prominentenkult verantwortlich waren, mit dem sie, glaubten viele, die wirklich schöpferische und fordernde Kultur ersetzen wollten.

Ohne irgendein Gesicht zu entstellen, karikiert Rössing Film- und Bühnenstars, die damals weltberühmt waren, u. a. Jannings, Elisabeth Bergner, Conrad Veidt, Richard Tauber; Kritiker aller Art, Alfred Kerr zum Beispiel; den Theatermann Max Reinhardt und Gerhart Hauptmann (Blatt 57: »U. a. bemerkte man...«). Er klagt den Dichter nicht an, er klagt um ihn, der bei diesem Betrieb mitmacht.

Worum es dem Künstler wirklich ging, das ist am deutlichsten in Blatt 111 ausgedrückt: »Raffael und die Bauhausjünger«. Zwei griesgrämige, ältliche Wandervögel gehen an dem Maler der Renaissance und an den antiken Skulpturen im Hintergrund vorbei, ohne ihn oder sie auch nur eines Blickes zu würdigen. Raffaels Gesicht aber ist durch keine Runzel und keine Falte entstellt; unversehrt jung ist er, diese Jünger sind es nicht.

Viele andere Holzstiche stellen eine merkwürdige, stumme Konfrontation dar, so u. a. die Blätter 51 (Revue und Theater), 113, 167, 203. Jedes verrät des Künstlers Angst um das kulturelle Erbe, das er mit Recht bedroht ansah, ohne daß er in jenen frühen

Jahren erkannt hätte, daß die Gefahren planetarisches Ausmaß annehmen würden. Wie die meisten seiner Zeitgenossen war Rössing sozusagen im Rückstand um einen tödlich gefährlichen Feind und um einen totalen Krieg. Doch wer das bedeutende, höchst eindrucksvolle Werk betrachtet, das Rössing seither geschaffen hat, wird dessen inne, wie sehr er sich und den Werten, die sein »Vorurteil« verteidigen sollte, treu geblieben ist. Er ist keineswegs ein Epigone, sondern ein vorbildlicher schöpferischer Erbe der Kunst, die zu seinen, zu unseren Zeiten, heute so gut wie vorgestern, nicht nur von Vandalen, sondern auch von skrupellosen Geschäftemachern und wichtigtuerischen Ideologen jeder Art und aller Richtungen mißhandelt wird.

»Bei uns täglich Anbruch einer neuen Morgenröte« verkündet das Blatt 11: »Die Partei«. Nun, wie der 35jährige Autor dieser Holzstiche, glaubt der heute 76jährige Karl Rössing wirklich an die Morgenröte, aber auch heute sucht er sie nicht bei Parteien, nicht bei Prominenten, sondern in den Schöpfungen, welche Dauer und Wandel miteinander versöhnen.

Paris, September 1973　　　　　　　　　Manès Sperber

Copyright 1932 by Büchergilde Gutenberg, Berlin.
© Büchergilde Gutenberg, Frankfurt am Main, 1974, Neuausgabe.
Ausgabe für den Buchhandel: © Hoffmann und Campe Verlag, Hamburg, 1974.
(ISBN 3-455-06341-1).

Gestaltung entsprechend der Originalausgabe von 1932. Satz des Nachworts von Ludwig & Mayer, Frankfurt am Main. Als Schrift wurde die Mittel Erbar-Grotesk im Handsatz verwendet. Klischees Paja-Klischees, Frankfurt am Main. Druck Richard Wenzel, Goldbach bei Aschaffenburg. Bindearbeiten G. Lachenmaier, Reutlingen. Papier 130 g h'frei weiß Werkdruckpapier CP 80 der Papierfabrik Scheufelen, Oberlenningen. Printed in Germany 1974.

Von diesem Werk erscheint eine Vorzugsausgabe in 100 Exemplaren mit einem vom Künstler signierten und numerierten Original-Holzstich „Tiergarten, 1948". Von dieser Ausgabe sind die mit 1-75 numerierten Exemplare für den Buchhandel (ISBN 3-455-06342-x), die mit I-XXV numerierten Exemplare nicht für den Verkauf bestimmt.

A. Paul Weber   Kritische Graphik

Handzeichnungen und Lithographien aus 40 Jahren
Mit einem Vorwort von Herbert Reinoss

64 Seiten mit 49 zweifarbigen Lithographien nach Handzeichnungen
Format 24 x 32 cm, Leinen

Zu den profiliertesten Graphikern unserer Zeit zählt A. Paul Weber, der Zeitkritiker unter den deutschen Künstlern. Zu seinem 80. Geburtstag am 1. November 1973 erschien ein repräsentativer Querschnitt seines graphischen Werks: „Kritische Graphik".

„Hier ist eine Wirklichkeit, die jeder als die unsere wiedererkennt. Eine Wirklichkeit, in der zwar Tag und Stunde des Anlasses aufgehoben und die so überzeitlich geworden ist, lesbar noch nach Jahr und Tag — eine Wirklichkeit aber, zu der der Künstler nichts beigetragen hat. Er griff in den Strom des Geschehens und rettete das Begebnis vor dem Entschwinden in die Vergangenheit. Es sind fast immer extreme Situationen, die so eingefangen und aufbewahrt werden, Situationen, in denen Verfall und Entartung gipfeln, Stunden, in denen die Maske fiel, die der ‚Kleinen' und die der ‚Großen'."   Georg Ramseger

Hoffmann und Campe